Todos los libros de Linkgua Ediciones cuentan con modelos de Inteligencia Artificial entrenados por hispanistas. Pregúntale al chat de tu libro lo que desees acerca de la obra o su autor/a.

Para **ebooks:** Accede a nuestro modelo de IA a través de este enlace.

Para **libros impresos:** Escanea el código QR de la portada con tu dispositivo móvil.

Obtén análisis detallados de nuestros libros, resúmenes, respuestas a tus preguntas y accede a nuestras ediciones críticas generativas para una experiencia de lectura más enriquecedora.
La transparencia y el respeto hacia la autoría de las fuentes utilizadas son distintivos básicos de nuestro proyecto. Por ello, las respuestas ofrecen, mediante un sistema de citas, las fuentes con las que han sido elaboradas.

Antonio de Solís

A la entrada del príncipe de Gales en Madrid

Barcelona 2024
Linkgua-ediciones.com

Créditos

Título original: A la entrada del príncipe de Gales en Madrid.

© 2024, Red ediciones S.L.

e-mail: info@Linkgua-ediciones.com

Diseño de cubierta: Michel Mallard.

ISBN rústica: 978-84-9816-547-0.
ISBN ebook: 978-84-9816-993-5.

Sumario

Brevísima presentación

La vida

Antonio de Solís y Rivadeneyra (Alcalá de Henares, 1610-Madrid, 19 de abril de 1686). España.

Estudió en Alcalá y Salamanca Retórica, Filosofía, Cánones, Ciencias morales y políticas. Escribió su primera comedia a los diecisiete años influido por Calderón de la Barca.

Solís fue secretario del conde de Oropesa, virrey de Navarra y de Portugal; oficial de la Secretaría de Estado y cronista mayor de Indias. Escribió por encargo real la *Historia de la conquista de México* en 1684, inspirado en los relatos de Cortés, López de Gómara y Bernal Díaz.

A la entrada del Príncipe de Gales en Madrid por marzo del año 1623. Don Antonio de Solís siendo joven

I

Príamo joven de la gran Bretaña,
la que segunda Troya fue primero,
la que Neptuno sin sosiego baña,
la que tiene el Arturo por lucero,
¡salve, aplaudido de la grande España,
huésped augusto del mayor ibero!
¡vengas feliz a la española Corte
de los helados piélagos del norte!

II

Cuando el alto Ilión a las troyanas
reliquias se rindió en leños errantes,
y de sangre bañó las hondas canas,
debelando sus bárbaros gigantes;
próvidas las estrellas soberanas
te destinaron tantos siglos antes,
porque en ti renaciese al hemisferio
Héctor segundo, Fénix del Imperio.

III

Para triunfar, en Asia te previno
el cielo, cuando, a Palas obediente,
la fugitiva Troya abrió camino
en los undosos reinos de Occidente.
Este impulso secreto y peregrino
del Anglia te sacó, joven valiente,
a discurrir por climas, como Apolo,
en pardas nubes embozado y solo.

IV

Transcendiendo el valor de tus deseos,
la Galia (que llamaron Transalpina
los belgas penetraste, que trofeos
fueron a un tiempo a la ambición latina.
Quisieran al pasar, los Pirineos,
inundarse otra vez de plata fina;
que a suspender tu curso no se atreve
promontorio de fuego ni de nieve.

V

Competidor del Sol, de zona en zona,
iniciaste su raro movimiento,
mostrando infatigable tu persona,
en alas de tu mismo pensamiento,
hasta ver el león, cuya corona
más que imagen será del firmamento.
¿Quién duda que a Filipo saludaste
cuando la luz del Héspero miraste?

VI

El fue el inmenso bien que pretendías
para línea feliz de tu carrera.
La amistad quiso unir dos monarquías
contra el Asia feroz y Africa fiera.
Y, así, cuando a las sombras y los días
el curso iguala la celeste esfera,
cesó el peregrinar, y vino el ocio,
y el silencio se vio en el equinoccio.

VII

Difícil es que esté disimulada
la majestad, en quien hay cierto linaje
del ser de esa deidad bien disfrazada,
y éste arrebata el alma a su homenaje.
¿Cuándo a Febo ocultó nube morada
sin ver de rosicler algún celaje?
Porque, bordando los extremos de oro,
un rayo le descubre en cada pozo.

VIII

¿En qué confusa Creta, a Babilonia,
pudo ocultar la luz de sus blasones
el señor de las forzadas colonias
de invictas y magnánimas naciones;
el dueño de la selva caledonia,
que tiene por cénit a los Tritones;
el marítimo César soberano
que su imperio fundó en el océano?

IX

Con aplauso vulgar una alegría
(que rasgos fueron ya, si no reflejos,
de la que el César español tenía)
te mostraron en mil mitos y lejos;
y, como el padre del hermoso día
suele esculpir su faz en dos espejos,
así, vanagloriosos españoles
en prodigios de amor vieron dos soles.

X

En tu disfraz, aunque Madrid te aclama,
un crepúsculo y luz indiferente,
como el alba dudosa que derrama
sus lágrimas y risa en prado y fuente.
Al silencio negó la voz la fama,
y comenzó a pagar la isperia gente
los aplausos que debe al desempeño
de tan rara verdad, que consta al sueño.

XI

Anticipó el abril amenidades,
colores desplegó varias y bellas;
y vimos en un sitio dos deidades,
en un mismo epiciclo dos estrellas,
debajo de un dosel dos majestades,
que la tierra y el mar temblarán de ellas;
porque es gallardo Júpiter el uno,
y el otro es heredero de Neptuno.

XII

Los clarines, que son letras de Palas,
se oyeron con horrísonos clamores,
cuando mayo pasmó viendo las galas
de quien pudo aprender y copiar flores.
Allí los ojos de Argos y las alas
del Fénix han cedido a sus colores,
y, en gala tan hermosa y lisonjera,
desprecios padeció la primavera.

XIII

Ejércitos de flores desafía
la pompa de la rosa y la violeta,
desvanecidas ya, porque lucía
en dos monarcas su color discreta.
Dos Alejandros son los que este día
el alma de Bucéfalo respeta,
en dos caballos que del viento nacen,
y dulce ambrosía en los Elíseos pacen.

XIV

El gusto popular era retrato
de los triunfos antiguos de Belona,
que, aunque éste no fue el bélico apa-
    rato,
con alentado espíritu blasona.
Iba la Guarda solo para ornato,
que, en esta fidelísima corona,
en empresas que son inanimadas,
defendiendo a su rey, están armadas.

XV

Quizá envidioso el sacro Apolo, tales
acechaba entre pardas vidrieras,
y, arrojando pedazos de cristales,
llovió fecundidad de primaveras.
Eran los reyes de armas, feciales,
que a las naciones bárbaras y fieras
publican, porque vengan a adorarlos,
que Felipe es inglés, y español Carlos.

XVI

Esta unión, esta paz, esta colonia,
en que imperios fundáis tan dilatados,
ostentan al blasón de Caledonia;
los cónsules de España y magistrados,
cuando el afecto, y no la ceremonia,
a esas plantas los tiene arrodillados,
poniendo sus britanos escorpiones
por timbre a sus castillos y leones.

XVII

Signos celestes son nuestros escudos.
La vía que os condujo al Real Palacio
el zodiaco fue, donde son mudos
los astros de diamante o de topacio.
Con ojos sin moverse y labios mudos,
en éxtasis las gentes largo espacio,
a Carlos atendiendo y a Filipo,
estatuas parecieron de Lisipo.

XVIII

Aunque los héroes de valor divino
del concurso vulgar se dividían,
en los afectos que el amor previno,
los unos y los otros competían.
Por esto, en los teatros del camino,
en voz del pueblo y nobles se oían
aclamaciones a los dos Saturnos,
cómicos cuellos, trágicos, coturnos.

XIX

Iris quiso templar los elementos
con la verdad purpúrea y amarilla,
y su pompa temió deslucimientos
viendo los ricos hombres de Castilla;
desvaneció las nubes y los vientos,
mirando con bizarra maravilla,
a los pasos del mundo semejantes
los dos Alcides de los dos Atlantes.

XX

Esperaban (y entonces la mañana
a el declinar la luz celos tenía)
la flor de lis, de Francia soberana;
la singular belleza de María;
el clavel y la púrpura romana
de Carlos y Fernando. Expiró el día
y aún trémulas buscaron, aunque bellas,
para dar luminarias las estrellas.

Libros a la carta

A la carta es un servicio especializado para
empresas,
librerías,
bibliotecas,
editoriales
y centros de enseñanza;
y permite confeccionar libros que, por su formato y con-
cepción, sirven a los propósitos más específicos de estas ins-
tituciones.

Las empresas nos encargan ediciones personalizadas para
marketing editorial o para regalos institucionales. Y los in-
teresados solicitan, a título personal, ediciones antiguas, o
no disponibles en el mercado; y las acompañan con notas y
comentarios críticos.

Las ediciones tienen como apoyo un libro de estilo con
todo tipo de referencias sobre los criterios de tratamiento
tipográfico aplicados a nuestros libros que puede ser consul-
tado en Linkgua-ediciones.com.

Linkgua edita por encargo diferentes versiones de una
misma obra con distintos tratamientos ortotipográficos (ac-
tualizaciones de carácter divulgativo de un clásico, o versio-
nes estrictamente fieles a la edición original de referencia).

Este servicio de ediciones a la carta le permitirá, si usted
se dedica a la enseñanza, tener una forma de hacer pública
su interpretación de un texto y, sobre una versión digitaliza-
da «base», usted podrá introducir interpretaciones del texto
fuente. Es un tópico que los profesores denuncien en clase
los desmanes de una edición, o vayan comentando errores
de interpretación de un texto y esta es una solución útil a esa
necesidad del mundo académico.

Asimismo publicamos de manera sistemática, en un mismo catálogo, tesis doctorales y actas de congresos académicos, que son distribuidas a través de nuestra Web.

El servicio de «libros a la carta» funciona de dos formas.

1. Tenemos un fondo de libros digitalizados que usted puede personalizar en tiradas de al menos cinco ejemplares. Estas personalizaciones pueden ser de todo tipo: añadir notas de clase para uso de un grupo de estudiantes, introducir logos corporativos para uso con fines de marketing empresarial, etc. etc.

2. Buscamos libros descatalogados de otras editoriales y los reeditamos en tiradas cortas a petición de un cliente.

www.ingramcontent.com/pod-product-compliance
Lightning Source LLC
Chambersburg PA
CBHW020436030426
42337CB00014B/1287